偉人たちの告白

ＨＳエディターズ・グループ 編

まえがき

先人の名著と呼ばれるものを紐《ひ》解《も》くなかで、現代の私たちからすれば、ともすれば意外に感じてしまうことが一つあります。

それは、紙面のうちのかなりの部分を割《さ》いて、あの世や神について論じていることです。

歴史に名を残した方の中で、神の存在を否定する方、すなわち無神論の立場をとる方は決して多くありません。

逆に、ほとんどの偉人は、ごく当然のこととして、あたかも空気を吸うことと同様に、神を敬い、あの世は存在すると考えていました。

五感でとらえられない神やあの世の存在を、科学で証明することは、確かに難しいことでしょう。

また、それぞれの偉人についても、その信仰観、特に教会に対するスタンスや距離のとり方は、まさに人それぞれです。必ずしも一概には論じられない面はあります。しかし、私たち凡人からすれば手の届かないような活躍をした彼らが、「この世界をつくった存在があること」「人生はこの世だけではないこと」を信じていたことは、その言説を丁寧に見ていけば、明らかになることです。

そして、そうした信仰があったからこそ、彼らは偉人たりえた、つまり、軽佻浮《けいちょうふ》薄《はく》な世間の価値観に負けることなく、後世への財産を残し得たと言えるのではないでしょうか。

本書は、過去の偉人の著作や発言から、彼らが神やあの世について語った部分を集め、編まれた箴言《しんげん》集です。信仰という概念を広義にとらえ、彼らが「目に見えないものを信じていた」ことが伝わってくる内容を選んでみました。

本書が、多くの皆様にとって、なんらかの人生転換のきっかけをもたらすことにつながれば幸いです。

偉人たちの告白　目次

科学者たちの言葉

政治指導者・革命家たちの言葉

哲学者・思想家・宗教家たちの言葉

文豪・芸術家たちの言葉

実業家・社会活動家たちの言葉

科学者たちの言葉

最初に紹介するのは、科学者の言葉です。

宗教や信仰に対立するものとして、筆頭に浮かぶのは科学でしょうか。たしかに、宗教的真実や伝承などは、科学的「証明」にはなじまない面があるかも知れません。

しかし、それでは、科学者の方々が、無神論者や唯物論者であるかと言えば、決してそうではありません。神やあの世の存在を否定しないのみならず、積極的に信じている方も大勢います。

科学者自身が否定せず肯定してさえいるものを、科学者でもない私たちが、「科学的でない」と断言する。やや滑稽な光景なのかもしれません。

現在、科学の名で語られている真理も、一昔前には、理解を超えた「未知」なることがらでした。「あの世」や「霊」というものも、単にこれから探究され、解明されていく領域だということかもしれません。

常に、真理の前には、虚心坦懐《きょしんたんかい》でありたいものです。

ニュートン

1642〜1727
イギリスの物理学者・天文学者・数学者

神の叡智はどこに現れているか

神の叡智は
創造の業《わざ》の中に現れている。

ニュートン

まだ解明されていない真理の大海がどれほど広いか

目の前には、いまだ手のつけられていない
真理の大海が横たわっていた。
私は、その浜辺で
滑らかな小石やきれいな貝殻を
拾い集めていたにすぎない。

ガリレオ・ガリレイ

1564〜1642
イタリアの天文学者・物理学者・哲学者

宇宙を書くための神の道具

数学は、
神が宇宙を書くためのアルファベットだ。

ライプニッツ

1646～1716
ドイツの数学者・哲学者・神学者

直角が直角だというのと同じくらい必然的な真理

神が存在するとか、
あらゆる直角が等しいというようなことは、
必然的な真理である。

『小品集』

ライプニッツ

神を通して世界を観る

我々の外にある直接的対象は
神だけであり、
我々は神を通して、
すべてのものを見ると言える。

『形而上学叙説』

ライプニッツ

神の作品の持つ完全さ

最高にして無限な智慧の持ち主である神の行いは、形而上学的《けいじじょうがく》な意味においてのみならず、道徳的に言っても、この上なく完全なものである。我々が神の作品に精通《せいつう》すればするほど、ますます我々は、神の作品が優れていて、我々の願いを完全に満足させていると考えるようになる。

『形而上学叙説』

ウィリアム・ハーヴェイ

1578〜1657
イギリスの医師・生理学者

自然は神が書いた一冊の書物

自然は一巻の書物であり、
神がその著者である。

パスカル

1623〜1662
フランスの哲学者・数学者・物理学者

証明は「人間的」な概念

信仰は証明とは異なる。
証明は人間的なものであり、
信仰は神の賜物《たまもの》である。

『パンセ』

リヒテンベルク

1742〜1799
ドイツの物理学者・作家

神への信仰は、人間の本能である

神への信仰は本能である。
それは二本足で歩くのと同様に、
人間に生まれながらに備わっているものである。

『道徳的覚書』

アレクシス・カレル

1873〜1944
フランスの外科医・社会学者・生物学者

医師も認めた奇跡の力

祈りは、地球の引力と同じ現実的な力である。
医者である私は、
人々が、他のあらゆる治療法で失敗した後に、
祈りという厳粛《げんしゅく》な努力によって
病気や憂鬱《ゆううつ》から救われた例を数多く目撃した。

"Prayer is Power"

アインシュタイン

1879〜1955
ドイツ生まれの理論物理学者

私は非常に信仰深い人間

私たちには理解のできないものが存在し、
それが最高の智慧と美として具現していること、
人間の乏しい能力をもってしては、
はっきりと知覚できないものがあるのを知っていること、
それが真の宗教心の核心です。
そういう意味では、私は非常に信仰深い人間です。

アインシュタイン

宗教は人間を高貴にし、本当の自由へ導く

あらゆる宗教、芸術、科学は、
同じ樹《き》の異なる枝です。
いずれも、人間を単なる肉体的存在から引き上げ、
その生き方を高貴なものにし、
個人を、自由へと導くことを目的にしています。

アインシュタイン

宗教と科学は助け合うもの

宗教なき科学は不完全であり、
科学なき宗教は盲目です。

１９５４年に書かれた書簡より

アインシュタイン

宗教指導者の残した功績の大きさ

科学の探究によるすべての業績よりも、
ブッダやモーセやイエスのような人たちの功績のほうが、
ずっと大きな意味があります。
人類が人間としての尊厳を守り、
生存を確保し、
生きることの喜びを維持し続けたいなら、
これらの偉人たちが私たちに与えてくれたものを、

全力で守り続けなければなりません。

1937年に書かれた書簡より

政治指導者・革命家たちの言葉

政治の「政」という文字には「まつりごと」という読み方があります。これは、古代の政治が祭祀《さいし》（神や先祖をまつること）を中心としたものであったことによるのだそうです。

また意外かもしれませんが、戦国時代の武将たちや明治維新の志士たちも、篤い信仰心を持っていたようです。死と隣り合わせの日常の中、人知を超えたものを実感していたのでしょうか。

政治と信仰は、諸外国においても無関係ではありません。アメリカの大統領は、その就任の際、聖書に手を置き宣誓をしますが、これは神に対して誓うわけです。また、「In God We Trust（我々は神を信ずる）」という言葉は、アメリカという国家自体のモットーとなっていますし、政教分離の目的も、「信教の自由」を政治から守るためのものだと言われます。

どうやら、いろいろな誤解と偏見が、まだまだ戦後の日本には存在しているようです。

禹《う》

古代中国の伝説的な聖王。
舜の禅譲を受け「夏」の国を開く

この世は仮の世、死は本当の世界に帰ること

人生は仮の宿《やど》りであり、
死とは、帰ることである。

『十八史略』

聖徳太子

574〜622
飛鳥時代の哲人政治家。推古天皇の摂政

三宝を敬え

篤《あつ》く三宝《さんぽう》を敬え。
三宝とは、
仏《ほとけ》と法《ほう》と僧《そう》である。

「十七条憲法」第二条

聖徳太子

この世は仮の世、仏のみが真実である

世間は虚《うつわ》り仮《か》りにして、唯《ただ》仏のみ是真《これまこと》ぞ。
（この世は仮のものであり、
ただ仏法だけが滅びない真実だ）

『天寿国繍帳銘文《てんじゅこくしょうちょう》』

足利尊氏

1305～1358
室町幕府初代将軍

不確かな現世の奥にあるもの

この世は夢のようなものである。
この尊氏に道心《どうしん》（菩提心）をおさずけいただき、
ぜひとも後生《ごしょう》（来世）が安穏《あんのん》であるよう
お助けいただきたい。

清水寺に奉納した尊氏自筆の願文より

北条早雲

1432〜1519
戦国時代の武将

仏神の心に叶った生き方でこそ仏神の加護を得る

心を直《すぐ》に柔らかに持ち、正直を旨とし、
上《かみ》を敬い、下《しも》を憐れみ、あるをあるとし無きを無きとした、
ありのままなる心持《こころもち》、仏意神慮《ぶついしんりょ》にも叶《かな》うと思われる。
たとえ祈らずともこの心持があれば
神明《しんみょう》の加護があるに違いない。
祈るとも心が曲がれば天の道に外れることを知り、
心を慎まねばならない。

『早雲寺殿二十一箇条』

毛利元就《もうりもとなり》

1497～1571
戦国時代の武将

中国地方の覇者を支えた素朴な信仰

朝日を拝み申し上げて、
念仏を十篇ずつとなえるならば、
それは、後生《ごしょう》（来世）のことは言うまでもなく、
今生《こんじょう》（今世）の安楽をももたらす祈禱《きとう》となるのだ。

毛利元就の遺訓第十二条より

武田信玄

1521〜1573
戦国時代の武将

仏神を信じ、非礼を廃す

一、仏神を信ずべきこと、
曰《い》う、仏心に叶《かな》えばすなわち時々力を添え、
横しまな心をもって人に勝てば
すなわち露《あら》われて亡ぶべし。
伝に言う、神は非礼を享《う》けずと。

『家法』

宮本武蔵

1584頃〜1645
江戸初期の剣客

道を求めた剣豪の信仰観

神仏を崇《とうと》びて
神仏を頼らず。

徳川光圀《とくがわみつくに》

1628〜1700
江戸前期の水戸藩主。水戸黄門と呼ばれた

この世には客として来る

この世は客に来たりたるなれば
義理（踏み行うべき正しい道が）あるに違いない。

吉田松陰

1830〜1859
幕末の思想家・革命家・教育者

神と相対座するには

神を拝《おが》むには、
まず、己《おの》が心を正直にし、
また、己が身体を清浄《せいじょう》にして、
外《ほか》に何の心もなく、
ただ、謹《つつし》み拝まねばならない。

安政元年の書簡より

西郷隆盛

1827〜1877
幕末・維新期の政治家

政治は天の代理で行うもの

廟堂《びょうどう》（天下の政治を行う所）に立ちて
大政を為《な》すは
天道を行ふものなれば、
些《すくな》くとも私《わたくし》を挟《はさ》みては
済まぬものなり。

『南洲翁遺訓』

西郷隆盛

天意を汲《く》んで生きる

人を相手とせず天を相手にせよ。
天を相手として己《おのれ》を尽くし、
人を咎《とが》めず、
我が誠《まこと》の足らざるを尋《たず》ぬべし。

『南洲翁遺訓』

伊藤博文

1841～1909
明治期の政治家

初代総理大臣を支えた信仰心

自分の信仰は虚空蔵菩薩《こくうぞうぼさつ》である。
敬神《けいしん》の念もまた人後に落ちぬ。

『伊藤博文言行録』（秋山悟庵編）

明治天皇

1852〜1912
第百二十二代天皇

神の心とつながるには

目に見えぬ
神の心に通《かよ》ふこそ
人のこころの誠《まこと》なりけれ

『明治天皇御百首』

板垣退助

1837〜1919
明治期の政治家

人智の及ばない存在

神というものは万物《ばんぶつ》を造り、
これをして各《おのおの》その宜《よろ》しきを得させる所の、
広大無辺、至公至正《しこうしせい》の存在者であり、
その尊貴《そんき》にして広大なるは、
到底《とうてい》、人間の智、情、意の想像の及ぶ所にあらず。

『神と人道』

孫文《そんぶん》

1866～1925
中国の革命家・政治家

革命家が信じていた心の力

我が心が、
これは行いうると信ずれば、
山を移し海を埋めるような難事でも、
ついには成功の日を迎える。
我が心が、
これは行いえぬと信ずれば、
掌《てのひら》を返し枝を折るような容易なことでも、

成功の時は来ない。
心の作用はかくも大きいのである。
心とは万事の本源である。

『孫文選集』第二巻

東郷平八郎

1847〜1934
明治・大正期の軍人・海軍大将・元帥

正義と至誠を求める存在

天は正義に与《くみ》し（味方し）
神は至誠《しせい》に感ず。

ナポレオン

1769〜1821
フランス皇帝。ナポレオン一世

賢い人間は神秘を否定しない

神秘を笑う者は、
愚かな人間である。

ワシントン

1732〜1799
アメリカの初代大統領

信仰心なしでは正しい政治はできない

神と聖書がないならば、
この世を正しく統治することは
不可能である。

ジェファーソン

1743〜1826
アメリカの第三代大統領

独立宣言に込められた神の下の平等の思想

すべての人間は平等に創造され、
創造主から、生命、自由、幸福追求といった、
奪うことのできない権利を授けられた存在であることは、
自明の真理である。

リンカーン

1809〜1865
アメリカの第十六代大統領

「祈りの人」リンカーン

私は全力を尽くしました。
私の努力に対する答えは
もはや神の御手《みて》の中にあります。
もしこの国が救われるのならば、
それは神のお思召《ぼしめ》しだからです。
こう神に報告した時、
重荷《おもに》は私の肩からころげ落ちました。

不安でたまらなかった心から解放され、
大いなる信頼というものが
代わりに訪れたのです。

リンカーン

リンカーンを支えた、常に共にある存在

常に私と共にある、
かの神聖な存在のご加護《かご》なしには、
やり遂げることはできません。
しかし、ご加護があれば、
必ずやなし遂げることができるでしょう。

1861年、スプリングフィールドでのスピーチより

グラッドストン

1809~1898
イギリスの政治家

何人《なんぴと》たりとも奪えない「信仰」というもの

私からすべてを奪うとしても、
信仰を奪うことはできない。

グラッドストン

すべてのものを押し流す真理の力

正義に合致する宗教には
なにものも抗《あらが》うことはできない。

ビスマルク

1815〜1898
ドイツの政治家

人が畏れるべきもの

神を畏《おそ》れよ、
そして他のなにものをも
恐れるな。

ジョン・F・ケネディ

1917〜1963
アメリカの第三十五代大統領

神の願いの実現主体たれ

わが友であるアメリカの同胞たちよ、
国があなたがたのために
何がなせるのかを尋《たず》ねるのではなく、
あなたがたがアメリカのために
何がなせるのかを問いたまえ。
わが友である世界の市民諸君、
アメリカがあなたがたのために

何ができるかを尋ねるのではなく、
人類の自由のために
ともに何がなせるかを問いたまえ。

——この地上では
神のみわざが真に我々自身の
行いでなければならないということをわきまえつつ、
我が愛する国土を導き、前進しようではないか。

1961年の大統領就任演説より

ジョン・F・ケネディ

神に由来する権利

人間の諸権利は、
国家の寛大さに由来するものではなく、
神の手から与えられるものである。

1961年のスピーチより

哲学者・思想家・宗教家たちの言葉

昨今、F・ニーチェという哲学者に脚光があたっているようです。

しかし、このブームには、やや危惧されるものがあります。それは、彼の一面だけが伝えられがちなことで、例えば彼がキリスト教を激しく批判した人物であること（『反キリスト者』）、有名な「神は死んだ」という言葉に続けて「我々が殺した」とまで作中で語っていること（『ツァラトゥストラかく語りき』）、そして最後は狂気の中で亡くなったことなどは、あまり知られていないようです。

推理小説風に考えてみたいのですが、神を否定して得をするのは、果たして誰でしょうか。それは、好き勝手に生き、あの世を認めたくない方でしょうし、あるいはズバリ神とは逆の概念、「悪魔」でしょう。

人物の評価は、なかなか定まりませんが、神をあざ笑い、その超人思想から、ナチス・ヒトラーという子どもを産み育てた、そうした「仕事」をした方であることは、「ワクチン」として知っておきたいところです。

本章では多くの思想家が神やあの世を認めていたことを紹介します。

孔子

前551～前479
中国の春秋時代の思想家。孔丘。儒教の祖

怪力乱神の存在自体を否定しているわけではない

丘《きゅう》の禱《いの》ること久《ひさ》し
（病いの平癒を、私もずっと祈ってきた）

『論語』述而第七

墨子

前480頃〜前390頃
中国の春秋戦国時代の思想家。墨翟。墨家の祖

立派な人間としてなすべきこと

昔、聖王は、
必ず鬼神《きじん》（神霊や死者の霊）は
存在するものだとして、
鬼神のために手厚くつとめた。
後世の子孫が鬼神につかえることをせず、
その幸《さいわ》いを受けることができなくなることを恐れた。
そこで、古代の聖王や聖人は、

一尺の布きれ、一篇の書物にも、
鬼神の存在を繰り返し説き、
念には念をいれている。
今、無鬼を主張する者は、
鬼神など存在しないと言うが、
これは聖王の努力に反することである。
聖王の努力に反対するというのは、
立派な人間としてなすべきことではないのである。

『墨子』

墨子

神仏の存在を認めることが世界を良くする

今、世界の利益を興《おこ》して
世界の害を本当に除きたいと思うなら、
鬼神の存在について、
これを尊《とうと》び、明らかにしなければいけない。
これこそ聖王の道である。

『墨子』

ソクラテス

前470〜前399
古代ギリシアの哲人

守護霊の声を聞いていたソクラテス

私にもたらされた、ある種の神託、
あるいは徴《しるし》について聞いたことがあるだろう。
これは、私が幼い頃から聞こえ始めた一種の「声」で、
私のしようとしていることを禁ずるのだが、
これをせよとは決して言わないのである。

『ソクラテスの弁明』（プラトン）

プラトン

前427～前347
古代ギリシアの哲学者

死とは肉体から魂が分離すること

死とは、
魂と肉体という二つのものが
互いに分離しあうということであり、
それ以外のなにものでもない。

『ゴルギアス』

アリストテレス

前384〜前322
古代ギリシアの哲学者

そのすべてが至福である存在

神々にあっては
その全生活が至福《しふく》であり、
また人間にあっては
神のこうした活動の
何らかの似姿《にすがた》がそこに存在しているかぎりにおいて
至福なのである。

『ニコマコス倫理学』

セネカ

前4頃〜後65
ローマのストア派の哲学者

自ら単なる動物たらんとする悲しい人間たち

何ゆえに君は人間を、
そのような不自由な動物に比べるのか――
君は世界も神も持っており、あらゆる動物のうちで、
ただひとり人間のみが、神を真似んとし、
神を理解する唯一のものであるのに。

『怒りについて』

セネカ

世界を存続させている監視者の力

世界という大きな構造物は、
ある監視者がいないならば、存続はしない。
現に行われている星々の集合や運行にしても、
偶発的なものではない。
この秩序性は、
あてもなく放浪する物質に起因するものではない。

『神慮について』

アウグスティヌス

354〜430
初期キリスト教会の教父・思想家

信仰により見えないものが見えてくる

信仰は、
目に見えないものを信ずることである。
そして信仰の報酬は
信ずるものを見ることができることである。

竜樹《りゅうじゅ》

150頃〜250頃
南インドの僧。大乗仏教の大成者

仏道も信仰心から始まる

仏法《ぶっぽう》の大海は、
信を能入《のうにゅう》と為《な》し、
智を能度《のうど》と為す。

『大智度論』

空海

774〜835
平安初期の僧。日本真言宗の開祖

仏を見るには心を正すべし

衆生の心《しん》
清浄《しょうじょう》なるときは
すなわち仏を見、
もし心不浄《ふじょう》なるときは、
すなわち仏を見ず。

『弁顕密二教論』

王陽明

1472〜1528
明の大儒・政治家

この世の存在の実体は何か

この充《み》ちみちた天地の間に、
その「霊明《れいめい》」こそがある。
人はただ形体によって
自己を隔《へだ》てあっているにすぎない。

『伝習録』

中江藤樹《なかえとうじゅ》

1608〜1648
江戸初期の儒学者。近江聖人と呼ばれた

心身を清めて信仰を

神明《しんみょう》を信仰するのは、
儒道《じゅどう》の本意である。
よく心身を潔《きよ》めて
信仰すべきことが第一である。

『翁問答』

熊沢蕃山《くまざわばんざん》

1619〜1691
江戸前期の儒学者

神の子、仏の子の尊さ

至神至尊《ししんしそん》の親の子であるから、
我が身はすなわち神の舎《やどり》であり、
我が精神はすなわち天神《てんじん》と同じである。

『集義和書《しゅうぎわしょ》　巻二』

平田篤胤《ひらたあつたね》

1776〜1843
江戸後期の国学者

あらゆるところに神はおわす

日月《にちげつ》・星辰《せいしん》・国土・人類・万物、
悉《ことごと》く神の生ずる所に非《あら》ざるは無し。
この故《ゆえ》に須《すべか》らく毎旦《まいたん》（毎朝）拝礼して、
その恩頼《おんらい》に酬《むく》いまつらんことを思ふべし。

『童蒙入学門』

トマス・モア

1478～1535
イギリスの政治家・思想家

禽獣《きんじゅう》と同一視される無神論者

ユートピア人は、死後、悪は厳しく罰せられ、
善は大いに報いられることを固く信じている。
そして、反対の意見を持つ者を、
威厳にみちた人間の霊魂を
獣のそれと変わらないとする者だとして、
もはや人間の仲間とは考えないのである。

『ユートピア』

マルティン・ルター

1483〜1546
ドイツの宗教改革者

真摯な祈りの力

真の信仰心から、
そして、心の底から神を真剣に求める者は、
必ずやその願いが聞き届けられ、
求めていたものが与えられるであろう。

フランシス・ベーコン

1561〜1626
イギリスの政治家・哲学者

神を否定したい人たちの都合

神がいないほうが都合がよい人以外には、
神の存在を否定する者はいない。
無神論は人間の心の中にあるというよりは、
唇《くちびる》にある。

『随筆集』

フランシス・ベーコン

神を否定することの破壊的な力

神を否定する人々は、
人間の高貴さを破壊する。
また同様に、寛大さと向上心を破壊する。
人間は神の保護と恩寵《おんちょう》に安《やす》んじ確信を持つとき、
人間の力だけでは到達できないような
力と信念とを奮い起こすのである。
無神論は、

すべての点で憎むべきものなのであるが、
それが人間から、
自分自身を高める手段を奪うという点でも、
そう言えるのである。

『随筆集』

フランシス・ベーコン

深い思索を重ねれば、人は神仏を認めざるを得なくなる

浅薄《せんぱく》な哲学は
人間の心を無神論に傾けさせ、
深遠な哲学は
人の心を宗教へと向かわせる。

『随筆集』

デカルト

1596〜1650
フランスの哲学者

神のない世界がもたらすもの

もしも、
神を畏《おそ》れることも
来世の期待もないとするならば、
悪徳よりも美徳を選ぶ人は
ほとんどいないでありましょう。

『省察』

デカルト

考え、精神こそ、その人そのものである

私は一つの実体であり、
その本質あるいは本性は、
ただ考えるということ以外の何ものでもない。
存在するために何らの場所を必要とせず、
いかなる物質的なものにも依存《いぞん》しない。
この「私」というもの、
すなわち、

私をして、私たらしめるところの「精神」は、
物体から全然分かたれているものであり、
物体よりも認識しやすいものであり、
たとえ物体が存在せぬとしても、
精神は、そのままであり続けるだろう。

『方法序説』

デカルト

神は間違いなく実在する

完全な存在である神がいらっしゃり、
実在するということは、
幾何学のどの証明にも劣らず確実であることを、
私は見出した。

『方法序説』

デカルト

この世で最高のものは神への愛

この世の生に関しては、
神への愛こそ、
最も歓喜にみち
最も有益であり
最も力強い情念でありうると
私はあえて申し上げます。

『シャニュ宛書簡』

スピノザ

1632〜1677
オランダの哲学者

神なくしては何ものも存在しえない

存在するものは、
すべて神のうちにある。
神なくしては何ものも存在しえず、
また理解もされない。

『エチカ』

スピノザ

アルファの存在である神

神は絶対に、
第一原因である。

『エチカ』

ジョン・ロック

1632〜1704
イギリスの政治思想家・哲学者

神に受け容れられるものとは

信仰のみ、
内心の誠実さのみが、
神に受け容れられるものなのです。

『寛容についての書簡』

ジョン・ロック

神を否定することの罪深さ

神の存在を否定する人々は、
決して寛容に扱われるべきでありません。
人間社会の絆《きずな》である約束や契約、誓約などは、
無神論者をしばることはないのです。
神を否定することは、たとえ思想の中でだけであっても、
すべてを解体してしまいます。

『寛容についての書簡』

モンテスキュー

1689〜1755
フランスの政治思想家・法学者

人間が神を忘れないために

人間は数多くの衝動《しょうどう》的な情念にとらわれる。
このような存在は、
あらゆる瞬間に、その創造主を忘れることがありえた。
だから神は、宗教の法をもって、
人間を自らのもとに呼びもどしたのだ。

『法の精神』

モンテスキュー

神が喜ぶこととは

神は人間を幸福にするために宗教を開かれるのであり、
神が人間を愛されるとすれば、
我々もまた人間を愛することによって、
神が喜ばれるのは、間違いのないことである。

『ペルシア人の手紙』

モンテスキュー

宇宙の法をつくった存在

神は宇宙に対し、
創造者および維持者として関係を持つ。
それに従って神がすべてを創造したところの法は、
それに従って神がすべてを維持するところの法である。
神がこれらの規則に従って行動されるのは、
神がそれらを知っているからであり、
それらを知っているのは、

神がそれを作ったからであり、
それらを作ったのは、
それらの法が、
神の叡智と力とに関係しているからである。

『法の精神』

ルソー

1712〜1778
フランスの思想家

信仰なくしては、いかなる本当の美徳も存在しない

我が子よ、あなたの魂を、
いつも神が存在することを願っている状態に保つがよい。
そうすれば、決して神の存在を疑うことはないだろう。
たとえあなたがどのような宗派に属することになっても、
本当の義務は人間の作った諸制度から独立していること、
正しい心こそが、本当の神の神殿であること、
いかなる国、宗派においても、何よりも神を愛し、

自分の隣人を自分自身のごとくに愛することが、
教えの要点であること、
道徳の義務を免除するような宗教は存在しないこと、
真に本質的な義務はそれだけしかないこと、
内心の信仰は、それらの義務の第一のものであり、
信仰なくしては、いかなる本当の美徳も存在しないこと、
そうしたことを考えなさい。

『エミール』

カント

1724〜1804
ドイツの哲学者

神という絶対的、必然的な存在

絶対的に必然的なものが存在する。
この存在は本質において一体的であり、
実体において単純であり、その本性《ほんしょう》において精神であり、
持続において永遠であり、性質において不変であり、
一切の、可能なものと現実的なものに関して
完全に充足的である。
それは神に他ならない。

『神の存在の唯一可能な証明根拠』

カント

現世の生き方が来世を決める

来世における我々の運命は、
我々が現世で
自分の持ち分をどのように果たしたかに
おそらく大きく依存するであろう。

『一霊視者の夢』

ヘーゲル

1770〜1831
ドイツ観念論哲学の代表者

「悪」の定義

悪は
神からの疎外《そがい》である

『哲学入門』

ヘーゲル

神は究極の純粋な存在である

神は絶対精神《ぜったいせいしん》である。
すなわち神は純粋な本質である。

『哲学入門』

ヘーゲル

心術の最高のものは宗教に属する

宗教は絶対的真理をその内容としている。
したがって心術《しんじゅつ》の最高のものは
やはり宗教に属する。

『法の哲学』

トクヴィル

1805〜1859
フランスの歴史学者・政治学者・政治家

自然の運行と歴史の中に神の意志が見える

神のご意志の明らかなしるしを我々が見出すために、
神自《みずか》らに語っていただく必要はない。
自然の通常の運行と
歴史の持続的傾向とを
検討すれば足りるのである。

『アメリカにおけるデモクラシーについて』

トクヴィル

人間の尽きせぬ力を引き出すもの

不信はたまたまのものであり、
信仰のある状態こそが
人間にとって恒常的なものである。
宗教を純粋に人間的な観点だけから考えても、
すべての宗教は人間自身から
一種の尽きせぬ力を引き出すと言えよう。

『アメリカにおけるデモクラシーについて』

ショーペンハウエル

1788～1860
ドイツの哲学者

死によって、得られるものもある

我々は
死によって失うところのものはよく認識するのであるが、
それによって得るところのものについては
知らないのである。

『パレルガ・ウント・パラリポメナ』

ショーペンハウエル

生は夢であり、死はもとの状態への目覚めである

生は夢であり、
死はまた目覚めである
というふうに考えることができる。

我々にとって、死とは、
まったく新しい見なれぬ状態への移行と
見なされるべきものではなく、

むしろ、
もともと我々自身のものであった根源的状態への
復帰に他ならぬと考えられるべきである――
人生とは
一つの小さなエピソードにすぎなかったのだ。

『パレルガ・ウント・パラリポメナ』

カール・ヒルティ

1833〜1909
スイスの哲学者・法学者・政治家

生命は継続する

来世を信じるかどうかの一点によって、
我々の人生哲学の全体が左右されるのである。
私は、
来世における生命の継続を確信しているが、
それがどんな形のものかは分からない。
しかし、多分それは、
現世の生活における

最も純粋な瞬間に似たものだということ、
そして、
まったく違った精神状態にいきなり飛躍するのではなく、
どこまでも一つの継続であるということだけは
確かであろう。

『幸福論』

カール・ヒルティ

来世を考えて初めて現世の問題が解決できる

来世ということを考えて初めて、
問題と謎に満ちた
この現世の生活にも、
筋の通った解決が与えられることになる。
したがって
ひとたび我々が
来世における生命の継続ということを

堅く信ずるようになれば、
たかが一部分にすぎない
現世の短い間の快楽や苦痛が、
少しばかり多かろうと少なかろうと、
そんなことはすぐに
どうでもよいことになるのだ。

『幸福論』

カール・ヒルティ

憂《うれ》いはひそかな無神論の証《あか》し

憂いは、たいてい、ひそかな無神論の証拠である。
この世の数多くの不思議の中でも
とりわけ不思議なことの一つは、
多くの極めて賢明な人々が、
もっと幸福な生活が送れるにもかかわらず、自ら
好き好んで、一生涯、こうした罪を忍んでゆくことである。

『幸福論』

ウィリアム・ジェームズ

1842〜1910
アメリカの哲学者・心理学者

「この世界」を包含する世界があると信じる

我々は、「この世界」しか知らないが、
「この世界」はさらに大きな世界の一部かも知れない。
そうした世界が存在すると信ずることは、
この世で果たさなければならない、
最も根本的な役割であると言えよう。

"Is Life Worth Living?"

ラインホルド・ニーバー

1892〜1971
アメリカの神学者

ニーバーの祈り

神よ、変えることのできないものを受けいれる冷静さを、
変えることのできるものを変える勇気を、
そして、両者の違いを見分ける智慧を、
私たちにお与えください。

福沢諭吉

1834〜1901
明治期の思想家・教育家

宗教は決して無くならないもの

宗教は
人間に必ず存《そん》して
必ず滅すべからざるものなり。

1875年に書かれた覚書より

内村鑑三《うちむらかんぞう》

1861〜1930
明治〜昭和期のキリスト教思想家

神につかえない人は悪霊につかえることになる

人は何人《なんぴと》も全然自由たる能《あた》わず、
何者にかつかえざるを得ないのである。
神につかえざれば悪魔につかえ、
神につかえて初めて悪魔につかえざるに至る。

『ロマ書の研究』

内村鑑三

神が存在しなければ宇宙も自分も存在しえない

もし神なしとすれば真理なし。
真理なしとすれば宇宙を支ゆる法則なし。
法則なしとすれば、我も宇宙も存在すべきの理《ことわり》なし。
ゆえに我、自身の存する限りは、
此天此地の我《わが》目前に存する限りは、
余《よ》は神なしと信ずることはできない。

『基督信徒の慰め』

内村鑑三

神を信じない人の本当の姿

神を有せざる人は、
巨人《きょじん》にして小人《しょうじん》なり。
富貴《ふうき》にして赤貧《せきひん》なり。

『求安録』

新渡戸稲造《にとべいなぞう》

1862～1933
明治～昭和期の教育家・思想家

人生を行き渡る中で必要となるもの

人生の目的は
宗教観念がなければ、
解決ができない。

『世渡りの道』

西田幾多郎《にしだきたろう》

1870〜1945
明治〜昭和期の哲学者

この宇宙に偶然はない

宇宙の現象はいかに些細《ささい》なるものであっても、
決して偶然に起こり
前後に全く何らの関係を持たぬものはない。
必ず起こるべき理由を具《ぐ》して起こるのである。
我らはこれを偶然と見るのは
単に知識の不足より来るのである。

『善の研究』

西田幾多郎

人間の最大要求は宗教的要求

宗教的要求は
人心の最深最大なる要求である。
我々は種々の肉体的要求や
また精神的要求を持っている。
しかしそは皆、自己の一部の要求にすぎない、
独り宗教は自己そのものの解決である。

『善の研究』

西田幾多郎

宗教は、人間の命そのものが求めるもの

何ゆえに宗教が必要であるかなどと尋《たず》ねる人がある。
しかしかくの如き問いは
何ゆえに生きる必要があるか
というのと同一である。
宗教は己《おのれ》の生命を離れて存するのではない。
その要求は
生命そのものの要求である。

かかる問いを発するのは
自己の生涯の
真面目ならざるを示すものである。
真摯に考え
真摯に生きんと欲する者は、
必ず
熱烈なる宗教的要求を
感ぜずにはいられないのである。

『善の研究』

西田幾多郎

神の意識の一部である人間

神は宇宙の統一者であり、宇宙は神の表現である。
この比較は、単に比喩ではなくして、事実である。
神は我々の意識の、最大最終の統一者である、
否《いな》、我々の意識は、神の意識の一部であって、
その統一は、神の統一より来るのである。

『善の研究』

文豪・芸術家たちの言葉

本章では、画家や詩人、劇作家などの芸術家の言葉を紹介します。

箴言集では、偉人が残した「言葉」を紹介するしかありませんが、本当は、多くの音楽家、画家、彫刻家たちが、素晴らしい「宗教芸術」を残してくれています。すべて彼らの信仰心の表現だと思います。

キリスト教を知らなければ西洋文明は分からないと言われますが、それはもちろん芸術を味わう場合においても同様です。文化、文明のもとには宗教があり、宗教から様々なものが流れ出ているのです。

「着想」は、「インスピレーション」とも言われますが、インスパイア（in-spire）という語の語源には「吹き込まれる」という意味があります。どこから？との関心が湧くわけですが、インスピレーションは「霊感」とも訳されます。やはり見えない世界からなのではないでしょうか。

宗教のないところに、果たして芸術は花を咲かせるのでしょうか。無神論体制下のソ連や中国で、豊かな芸術作品が生み出されたのか考えてみるのも一興です。「模倣」はあれど後世に残る作品は果たして……。

西行

1118〜1190
平安末期の歌人

仏神の慈悲というもの

何事《なにごと》の
おはしますかは知らねども
かたじけなさに
涙こぼるる

伊勢神宮参拝の際に詠んだとされる歌

西行

不惜身命の誓い

我は仏法を修行して、
そのために陵辱《りょうじょく》せられて
死に到るとも
憾《うら》むところはない。

『偉人の言葉』（加藤咄堂）

ダンテ

1265〜1321
イタリアの詩人

この世界は神の芸術作品

自然は神の芸術である。

『断片』

シェークスピア

1564〜1616
イギリスの詩人・劇作家

人生の真なる意味とは

全世界は一つの舞台であり、
ありとあらゆる男女は
役者にすぎない。

『お気に召すまま』

シェークスピア

魔に魅入られる人が出る理由

悪魔は
人が気にいる形をとることができる。

『ハムレット』

ミルトン

1608～1674
イギリスの詩人

心の作用の不思議さ

人間の心は、
地獄に天国を作り出すことも、
天国に地獄を作り出すこともできる。

『失楽園』

J・S・バッハ

1685〜1750
ドイツの作曲家

音楽の目的

音楽の究極的な目的は、
神の栄光の表現と
魂の浄化に他ならない。

ゲーテ

1749〜1832
ドイツの詩人・作家・政治家

人間の最も清らかな喜び

「神を信じる」というのは、
美しく、じつに立派な言葉である。
神を認識し、
神がどこに、どのように啓示をされるかを知るのは、
この地上の最も清らかな喜びである。

『箴言と省察』

ゲーテ

文学や芸術の質を決めるもの

人間は宗教的なものを持って初めて、
文学や芸術上の、
本当に創造的な仕事ができるのに違いない。
宗教的なものを失えば、
作品はただちに模倣《もほう》や繰り返しに堕《だ》してしまうのだ。

『箴言と省察』

ゲーテ

信仰は見えないものへの愛である

信仰は、
目に見えないものへの愛であり、
不可能なもの、
ありそうにないものへの信頼である。

『箴言と省察』

ゲーテ

信仰はその家の目に見えぬ財産

信仰は、家庭の目にみえぬ財産である。
それは、万一の場合には、
必要なだけを引き出せる、
貯蓄銀行や信託銀行のようなものであり、
利子を受け取ることもできるのだ。

『箴言と省察』

ゲーテ

死を意識しても安らかでいるために

死を考えても、私は平然としていられる。
なぜなら、我々の精神は、
絶対に滅びることのないものであり、
その活動は、永遠から永遠にむかって
続いていくものだと確信しているからだ。

『ゲーテとの対話』（エッカーマン）

ベルネ

1786〜1837
ドイツ生まれの批評家・評論家

信仰なくしては、根無し草になってしまう

この上なく幸福な人間も、
信仰なくして何ものであろう。
根もなく、長持しない、
コップに挿した美しい花――。

ハイネ

1797〜1856
ドイツの詩人・評論家

悪魔は人間理性の代表者でもある

悪魔は理論家である。
悪魔は現世のよさや
官能の悦び、
肉体などの代表であるにとどまらず、
人間理性の代表者でもある。

『精霊物語』

アンデルセン

1805〜1875
デンマークの詩人・童話作家

人生は神の書かれたおとぎばなし

すべての人間の一生は、
神の手によって書かれた
おとぎばなしにすぎない。

ワーズワース

1770〜1850
イギリスの詩人

栄光とともに地上に降りた存在

人の誕生というものは、
単なる眠りと、
前世《ぜんせ》の忘却にすぎない。
我らの魂、生命は、
かつてどこにか住んでいて、
そこから遠くまでたどり来たもの。
けれども来《き》し方《かた》を、

すべて忘れたわけでもなく
丸裸で来たのでもない。
美しい栄光の雲をたなびかせながら
故郷の神の懐《ふところ》より、
我らはこの地上に来たのだ。

"Intimations of Immortality from Recollections of Early Childhood"

トルストイ

1828~1910
ロシアの小説家・思想家

信仰が生きる力

信仰は人生の力である。
人が生きているのは、
何ものかを信じているからだ。

『懺悔』

トルストイ

死を考えないというおごり

死が、すべての人に訪れるということほど確実なことは、他にはない。

我々は、明日に備え、夜に備え、冬に備えるというのに、なぜ死には備えないのだろう。死にも備えねばならぬ。

死への備えは、ただ一つ。善なる生活である。


『人生の道』

カフカ

1883〜1924
プラハ生まれの小説家

地上的でない希望が自らを救う

地上的な希望は、
とことんまで打ちのめされねばならぬ。
そのときだけ人は、
真の希望で
自分自身を救うことができる。

『城』

アンドレ・ジード

1869〜1951
フランスの小説家・評論家。ジッドとも

神の手の中にすでにある

神の到来を待ち望む者は、
自分がすでに
神の御手の中にあることが分からない。

アンドレ・ジード

悪魔を知らない人が、最も悪魔につかえる

「神」につかえようとするには
神を信じなければならないが、
悪魔はそうではない。
悪魔につかえるには、
信ずる必要はない。
むしろその反対で、
悪魔を知らずにいることが、

一番よく悪魔につかえることになる。
いつだって悪魔は、
知られないでいるのが得なのだ。

『贋金使いの日記』

夏目漱石

1867〜1916
日本の小説家・英文学者

人間心を超えた「天」に従い私を去る

運命は神の考えるものだ。
人間は
人間らしく働ければ
それで結構だ。

『虞美人草』

実業家・社会活動家たちの言葉

最終章では、近代に活躍した、実業家、社会活動家の名言を紹介します。

これまで、科学、政治、思想・哲学、芸術などを見てきたわけですが、経済原理あるいは経営原理というものは、信仰と矛盾するものなのでしょうか。「やはり」と言うべきかもしれませんが、そうではないようです。

例えば、アメリカの繁栄をつくった「王」たち（鉄鋼王、石油王、自動車王など）、明治維新以降、日本の大企業体をつくった経営者たち、そして戦後の日本の復興を果たした経済人たちも、その多くが何らかの信仰を持っていました。

また本章では、社会への奉仕の人生を送った方も紹介していますが、彼らもまさに「信仰」がその原動力となり、人類史に大きな足跡を残しました。

信仰が努力を生み、偉大なる人生をつくる――。信仰こそ偉人を生み出す力でしょうし、偉人とはすなわち、「信仰の深い方」なのかもしれません。

ベンジャミン・フランクリン

1706〜1790
アメリカの政治家・文筆家・科学者

疑おうにも疑えない真理

神が存在するということ、神がこの世界を創造し、
世界は、神の摂理《せつり》でもって統《す》べられていること、
神が最も喜ばれる奉仕は、人に善を施すことであること、
我々の霊魂《れいこん》は不滅であること、
この世においてか来世において、すべての罪は罰せられ、
すべてのよい行いは報われること、
こうしたことを私は疑ったことがない。

『自伝』

ベンジャミン・フランクリン

神を忘れてはならない、驕《おご》ってはならない

我々は、
あの力強い友人のことを忘れてしまったのか。
それとも、もう彼の助けはいらないとでも思っているのか。
長生きするにつれ、
「神は人間の業《わざ》を支配する」
この真実を証明する例を数多く見てきた。
もし雀《すずめ》一羽でさえも

神に見守られずに地上に落ちることがないとするなら、
神の助けなしに、
一大国家を建設することなど、
できるはずがないではないか。

1787年のスピーチより

ベンジャミン・フランクリン

もし宗教がなかったなら

宗教がありながら
人々がこんなに邪悪であるとするならば、
宗教がなかったとしたら
彼らはどうなるであろうか。

アンドリュー・カーネギー

1835〜1919
アメリカの実業家。鉄鋼王

富は神から託されたもの

富は神から富豪に授《さず》けられたものであり、
富豪は富の受託者《じゅたく》として、
公共に還元するべきである。

『富の福音』

ジョン・D・ロックフェラー

1839〜1937
アメリカの実業家。石油王

神の恩寵を受けるには

私が神の恩寵を受けて豊かになったのは、いずれ逆にお返しするつもりでいることを主がご存知だったからだろう。

『タイタン』（ロン・チャーナウ）

ヘンリー・フォード

1863〜1947
アメリカの実業家。自動車王

神とともにあれば、何も悩む必要はない

何ごとも神が支配しておられるし、
神は私の意見を必要とされていない。
神が見てくださっている以上、
結局はすべてが理想的に処理されると信じます。
何を心配することがありましょう。

二宮尊徳《にのみやそんとく》

1787〜1856
江戸末期の農政家

天から預かった命

私が詠《よ》んだ歌に、

かりの身を
もとのあるじに貸し渡し
民安《たみやす》かれと願うこの身ぞ

というものがある。

この世は、わずかのあいだの仮の世であるから、
この身は仮の身であることは明らかである。
もとのあるじとは天のことをいう。
この仮の身を自分の身と思わずに、
生涯一途《いちず》に世のため人のためだけを思って、
国のため天下のために益あることだけを行う。
これは、私の畢生《ひっせい》の覚悟である。

『二宮翁夜話』

豊田《とよた》佐吉《さきち》

1867〜1930
日本の実業家・発明家

世界一の自動車会社の原点にあったもの

神仏を尊崇《そんすう》し、
報恩《ほうおん》感謝の生活を為《な》すべし。

「豊田綱領」

ナイチンゲール

1820〜1910
イギリスの看護師・医療制度の改革者

宇宙を創った完全な存在がある

永遠の宇宙自体がその思考の実現であるような、
そうした完全な存在があることを、
私は信じます。

『思索への示唆』

ナイチンゲール

人知ではとうてい測りえない平安

我々の手の届くところに
「人知ではとうてい測り知ることのできない神の平安」
が残っている。

『思索への示唆』

マハトマ・ガンジー

1869〜1948
インドの民族運動指導者

ガンジーを支えた信仰の力

祈りがなければ、
私はとっくの昔に
おかしくなっていたであろう。

マハトマ・ガンジー

すべての大宗教の根底は一つである

私は世界のすべての大宗教の
根本的な真理を信じている。
それらはみな
「神が与えてくれたもの」であることを信じている。
またそれらは、
その宗教が与えられた人々にとって
必要であったことを信じている。

そして、もし我々皆が、
他の信仰の聖典を
その宗教の信者の立場から読むならば、
それらは根底において一つであり、
互いに助け合うものであることが分かると信じている。

マハトマ・ガンジー

宗教心を持たずしては何人も生きられない

祈りは宗教の魂であり、
エッセンスである。
それゆえ祈りは人生の核心である。
宗教心なしでは、
誰も生きられないからだ。

シュヴァイツァー

1875〜1965
フランスの神学者・音楽家・医師

信仰は、外界の何者にも負けない

私は断じて信ずる。
真理より来る精神は
外界の勢力より強い、と。

『わが生活と思想より』

ヘレン・ケラー

1880〜1968
アメリカの教育家・社会福祉事業家

すべてのことには意味がある

私は、自分の障害を神に感謝しています。
私が、自分を、
生涯の仕事を、
そして神を見つけることができたのも、
この障害を通してだったからです。

『わたしの生涯』

ヘレン・ケラー

人間の中にある不滅へのあこがれと記憶

私は魂の不滅を信じます。
それは私の内部に
不滅へのあこがれがあるからです。

『わたしの生涯』

マザー・テレサ

1910〜1997
ユーゴスラビア生まれのカトリック修道女

貧者への奉仕を支えた、祈り・信仰の力

沈黙は祈りを生み、
祈りは信仰を生み、
信仰は愛を生み、
愛は貧しい人々への
奉仕を生みます。

松下幸之助

1894〜1989
日本の実業家

信仰は人間にとっての本能である

私は、
人間には食欲本能と同じように、
信仰本能があると思うのです。

『経営にもダムのゆとり』

松下幸之助

熱意を持ち熱心に取り組んだ人へのご褒美

アイデアは、
人間の熱意、熱心に対する
神の報奨である。

『大切なこと』

P・F・ドラッカー

1909〜2005
オーストリア生まれの経営学者・社会生態学者

信仰は非合理的、感傷的、情緒的なものではない

信仰は、
非合理的・感傷的・情緒的・自然発生的なものではない。
それは真摯《しんし》な思考と学習、
厳格な規律と節制、
謙虚さと絶対的意思への従属《じゅうぞく》の結果として得られる。

『すでに起こった未来』

あとがき

本書では、数多くの偉人が神や死後の世界を信じていたことを、その箴言を通じて、紹介してきました。

信仰を否定し、嘲笑する方たちは、現代には大勢います。むしろ日本では、多数派なのかもしれません。

大川隆法・幸福の科学グループ創始者兼総裁の著書『生命の法』の中には、このような箇所があります。

『いまの日本において特に問題なのは、信仰を嘲笑う風潮がまだ根強いことです。信仰を持っている人を軽蔑したり、ばかにしたり、劣った者であるかのように言ったりする風潮がありますが、これは悪しき風潮です。

人々に信仰がなくて、いちばん喜ぶのは誰であるかといえば、それは悪魔です。

「信仰がない」ということは、「仏や神を否定する」ということであり、「この世は仏や神の支配する世界ではない」と言っていることと同じなのです。

「信仰を持っている人は、おかしい」と言って、嘲笑うような無信仰者が多数になるならば、「この世に仏や神の力は及ばない。この世は闇の世界である。空に太陽が出ていても、屋根をつくれば日は射さない」と宣言していることと同じです。

信仰の否定は、「この世を、悪魔の支配に委ね、悪魔の世界とする」ということになるのです。それを知らなければいけません。

したがって、「真実の信仰を持つことは、人間として高貴なことであり、魂として尊いことであるのだ」と知ることが大事ですし、そういう人を数多くつくらなければいけません。』


本書で見てきたように、偉人の多くが、神やあの世を肯定していました。だからといって、それでは、そうした彼らが「おかしい人」、「狂っている人」で、「すがるものが欲しい弱い人」だと言えるかといえば、決してそうではないはずです。

現代の私たちをも凌駕《りょうが》する思考力、直観力を持ち、勤勉に努力の日々を生き、その時代時代を進化させてきたのが、彼ら偉人たちでした。
少なくとも、そうした偉人たちの姿勢、才能、努力というものと、自らのそれらを、客観的に正しく引き比べることのできる私たちでありたいものです。

本書で取り上げた、様々な偉人の信仰に関する箴言は、まだまだ、ほんの一部です。特に海外では、驚くほど多くの信仰にまつわる箴言が紹介され、人々に親しまれています。

今、箴言集がある意味ブームであり、たくさんの名言・箴言集が発刊されています。しかし残念なことに、それらの中で、信仰を肯定するような箴言は、ほとんど扱われていないというのが現状です。
信仰を持つという人間にとってごく当然の行為が、当然のこととして扱われる社会になればいいなと願っております。
本書が、真摯に道を求める皆様のお役に立ち、親しまれるものになれば、編者にとっての望外の喜びです。

ハッピーサイエンス・エディターズ・グループ

参考文献

"The Oxford Dictionary of Quotations"　OXFORD UNIVERSITY PRESS, 1999

Maturin Murray Ballou "Treasury of thought: Forming an encyclopedia of quotations from ancient and modern authors" Houghton, Mifflin, 1884

William J. Federer "America's God and Country: Encyclopedia of Quotations" Amerisearch, 2000

Andy Zubko "Treasury Of Spiritual Wisdom A Collection Of 10,000 Powerful Quotations For Transforming Your Life" Motilal Banarsidass Pub., 2000

John Templeton "Wisdom from world religions: pathways toward heaven on earth" Templeton Foundation Press, 2002

Pat Richie "Wisdom for the Busyleader" Xulon Press, 2007

Archer Wallace "The Religious Faith of Great Men" Kessinger Publishing, 2005

Peter A. LaPorta "A Quote for Every Day" AuthorHouse, 2011

Steve Deger, Leslie Ann Gibson "The Book of Positive Quotations" Fairview Press, 2007
Dr Bernie S Siegel "365 Prescriptions for the Soul: Daily Messages of Inspiration, Hope, and Love" ReadHowYouWant.com, 2010
河盛好蔵『生と死と愛と信仰』一九五八年、東京創元社
『知っておきたい日本の名言・格言事典』二〇〇五年、吉川弘文館
桑田忠親編『日本名言辞典』一九六九年、東京堂出版
諸橋轍次『中国古典名言事典　新装版』二〇〇一年、講談社
大法輪閣編集部編『ブッダ・高僧の《名言》事典』二〇一一年、大法輪閣
斎藤祐蔵編『英語名言集』一九八一年、大修館書店
デイビッド・セイン他『アメリカ大統領英語名言集』二〇一〇年、Jリサーチ出版
PHP研究所編『20世紀の証言』一九八八年、PHP研究所
現代言語研究会『日本語を使いさばく名言名句の辞典』二〇〇八、あすとろ出版
創元社編集部『新装ことわざ・名言事典』二〇〇〇、創元社
Helen Keller "Midstream: my later life" Greenwood Press, 1968
William Thomas James William James "Is Life Worth Living?" BiblioBazaar, 2009
S.P.Sharma, S.P. Sharma Mahal Pustak "Success Through Positive Thinking" Pustak

Mahal, 2007
Poosapati Appala Raju "Gandhi and his religion" Concept Publishing Company, 2000
John E. Rotelle "The works of Saint Augustine" New City Press, 1990
"The autobiography of Benjamin Franklin" Forgotten Books, 1945
"The Collected Works of Abraham Lincoln" Wildside Press LLC, 2008
Philipp Frank "Einstein - His Life and Times" Frank Press, 2008
Helen Dukas, Banesh Hoffmann "Albert Einstein, The Human Side: New Glimpses From His Archives" Princeton University Press, 1981
Kirk Cameron, Ray Comfort "Conquer Your Fear, Share Your Faith: Evangelism Made Easy" Gospel Light, 2009
Gandhi (Mahatma), Krishna Kripalani "All men are brothers: autobiographical reflections" Continuum International Publishing Group, 2005
プラトン『ソクラテスの弁明・クリトン』久保勉訳、一九二七年、岩波文庫
『カント全集3』二〇〇一年、岩波書店
『ゲーテ全集第11巻』一九六一年、人文書院
『世界の名著6　プラトンI』田中美知太郎責任編集、一九六六年、中央公論社

『世界の名著10　諸子百家』金谷治責任編集、一九六六年、中央公論社
『世界の名著20　ベーコン』福原麟太郎責任編集、一九七〇年、中央公論社
『世界の名著22　デカルト』野田又夫責任編集、一九六七年、中央公論社
『世界の名著25　スピノザ　ライプニッツ』下村寅太郎責任編集、一九六九年、中央公論社
『世界の名著27　ロック　ヒューム』大槻春彦責任編集、一九六八年、中央公論社
『世界の名著28　モンテスキュー』井上幸治責任編集、一九七二年、中央公論社
『世界の名著30　ルソー』平岡昇責任編集、一九六六年、中央公論社
『世界の名著33　フランクリンジェファソンマディソン（他）』松本重治責任編集、一九七〇年、中央公論社
『世界の名著44　ヘーゲル』岩崎武雄責任編集、一九七八年、中央公論社
『世界の名著続4　朱子　王陽明』荒木見悟責任編集、一九七四年、中央公論社
『日本の名著11　中江藤樹　熊沢蕃山』一九七六年、中央公論社
『日本の名著26　二宮尊徳』一九七〇年、中央公論社
『日本の名著38　内村鑑三』一九七一年、中央公論社
『日本の名著47　西田幾多郎』一九七〇年、中央公論社
『中国古典文学大系5　韓非子　墨子』薮内清訳、一九六八年、平凡社
アリストテレス『ニコマコス倫理学（下）』高田三郎訳、一九七三年、岩波文庫

トマス・モア『ユートピア』平井正穂訳、一九五七年、岩波文庫
ヘーゲル『哲学入門』武市健人訳、一九五二年、岩波文庫
西田幾多郎『善の研究』一九五〇年、岩波文庫
『新渡戸稲造全集第八巻』一九七〇年、教文館
『ドイツの文学／第2巻　ハイネ』一九六六年、三修社
『ナイチンゲール著作集　第3巻』一九七七年、現代社
エッカーマン『ゲーテとの対話』山下肇訳、一九六八年、岩波文庫
ヒルティ『人生論』秋山英夫訳、一九五六年、角川文庫
ヒルティ『幸福論（第二部）』草間平作・大和邦太郎訳、一九六二年、岩波文庫
セネカ『怒りについて他一篇』茂手木元蔵訳、一九八〇年、岩波文庫
ショウペンハウエル『自殺について他四編』斎藤信治訳、一九五二年、岩波文庫
『孫文選集第2巻』一九八七年、社会思想社
内村鑑三『ロマ書の研究』二〇〇二年、教文館
シュヴァイツァー『わが生活と思想より』竹山道雄訳、二〇一一年、白水社
ヘレン・ケラー『わたしの生涯』岩橋武夫訳、一九六六年、角川書店
P．F．ドラッカー『すでに起こった未来』上田惇生他訳、一九九四年、ダイヤモンド社

ロン・チャーナウ『タイタン（上）』井上広美訳、二〇〇〇年、日経BP社
ガンディー『今こそ読みたいガンディーの言葉』古賀勝郎訳、二〇一一年、朝日新聞出版
池田政次郎『経営者を支えた信仰』一九八六年、日本文芸社

参考サイト

近代デジタルライブラリー（国会図書館）http://kindai.ndl.go.jp/
Project Gutenberg http://www.gutenberg.org/
OPEN LIBRARY http://openlibrary.org/

ＨＳエディターズ・グループ

日本の未来を拓き、世界のリーダーとなる人材の育成を目的として、真の教養を積み、人格を形成するための指針となる書籍の出版を目指す、幸福の科学出版の一般書編集部のエディターを中心に構成。本書のほか『伝道師』等も手がける。

【本文内写真】© Kovac Mario - Fotolia.com ／© Vallentin Vassileff - Fotolia.com

偉人たちの告白

2011年11月18日　初版第1刷
2011年12月15日　　　第3刷

編　者　ＨＳエディターズ・グループ
発行者　佐藤　直史
発行所　幸福の科学出版株式会社
〒142-0041　東京都品川区戸越1丁目6番7号
TEL（03）6384-3777
http://www.irhpress.co.jp/

印刷・製本　中央精版印刷株式会社
落丁・乱丁本はおとりかえいたします

ISBN978-4-86395-159-4 C0012

パウロ、ザビエル、鑑真、
日蓮、蓮如――
なぜ人々は彼らを信じたのか

伝道師に学ぶ
人の心の揺さぶり方

伝道師

――仏教、キリスト教は
いかにして世界宗教になったか

HSエディターズ・グループ 編

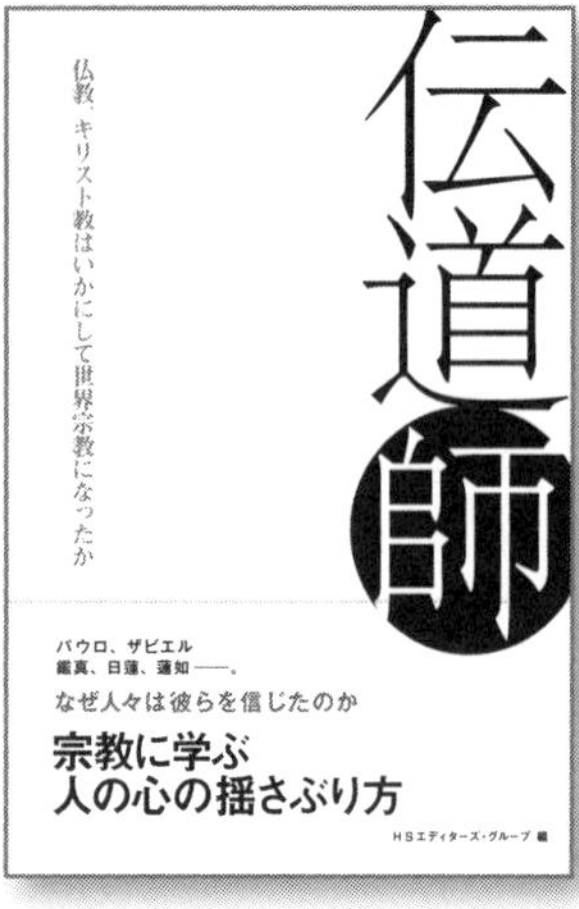

ステファノ
パウロ
ザビエル
ウェスレー
リビングストン
釈尊とその弟子たち
行基
鑑真
日蓮
蓮如

定価 1260 円
ISBN978-4-86395-160-0